El Único Mar
Voces de la Profundidad

(The One Sea)

Fotografía de la cubierta:

Delfín - Masa Ushioda

imagequestmarine.com

El Único Mar
Voces de la Profundidad
(The One Sea)

Pierz Hugo

Ellos son los hombres del mar, mis muchachos.
No hay ola que pase, en que no piense en ellos.

They are men of the Sea, my boys,
there's not a wave goes by I don't think of them.

www.seasquirt.net

El Único Mar
Voces de la Profundidad
(The One Sea)

NAPM ha sido
aprobado por sus
productos reciclados

Este libro se imprimío en papel reciclado
Revive Matt de Robert Horne Group.
Contiene un minimo de un 75% de
fibras de deshecho con tinta extraida.

This book is printed on recycled Revive
Matt paper from the Robert Horne
Group, which contains at least 75%
de-inked post-consumer waste fibre.

Contenido - Contents

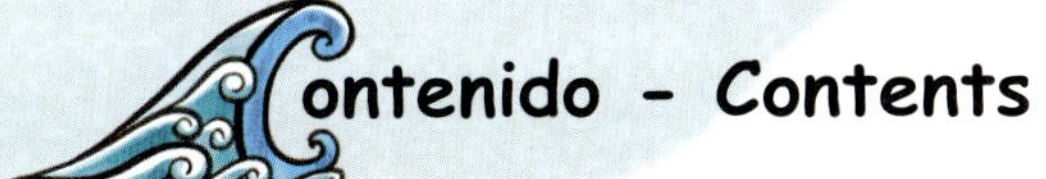

Inside the Magic Cave . . .

Listen now and you will hear
the One Sea's message for the human ear.

Long after travelling miles and miles
the wave does flow with cunning wiles,
arriving in the magic cave, when found,
it's walls all rough, grey, black and brown
with shells and seaweed covering all the ground.

And in that strange and darkened place
messages can be read upon the wall,
as if by a strange force displayed,
always and only delivered by the wave.

These messages come from the deep
where turtles, algae, whales and sharks do speak.
And now we humans need to listen hard
to messages coming from near and far.
For in this book what you will find
is what you already know within your mind.

Dentro de la Caverna Mágica . . .

Escucha ahora y conoceras
el mensaje para el oído humano del Único Mar.

Tiempo después de haber viajado millas y millas
la ola corre con astucia
llegando a la caverna mágica donde encuentra
sus ásperas paredes negras, grises y marrones,
y la tierra con conchas y algas marinas cubierta.

Y en ese extraño y oscuro lugar
en las paredes mensajes pueden ser leídos,
como si una extraña fuerza se desplegara
siempre y solo bajo la acción de la ola.

Este mensaje viene de la profundidad
donde hablan las algas, tortugas, ballenas y tiburones.
Y ahora los humanos necesitamos escuchar atentamente,
el mensaje proveniente de cerca y de lejos.
Por lo que en este libro encontrarás
lo que ya tu mente sabrá.

. . . the Wave delivers message for the human race

We must awake from our selfish slumber.
The Sea, the deep, are not ours to plunder.
We must stand back from mad pollution
so Sea and Man find the solution.

We must treat the Oceans as a garden,
where plants will grow when left to ripen.

So listen now to these creatures from the deep.
The oceans of the Earth are not ours to wreck.
These messages must wake us from our sleep,
for if we don't awake, we all shall weep.

Ask yourself the vital question.
What are we doing, you and me,
to the glorious, deep mysterious One Sea?

. . . la Ola transmite un mensaje para la raza humana

Debemos despertarnos de nuestro egoísta dormitar.
El mar, la profundidad no son nuestros para desbastar.
Debemos hacer un alto a la descontrolada contaminación
para que el mar y el hombre encuentren la solución.

Debemos tratar al Océano como a un Jardín,
donde las plantas crecerán cuando las dejemos de arrancar.

Por eso escucha ahora, a estas criaturas de la profundidad.
Los océanos del planeta no son nuestros para depredar
Los mensajes de nuestros sueños deben hacernos despertar
pues si no reaccionamos, todos sabremos lamentarnos.

Pregúntate a ti mismo la pregunta vital
¿Que estamos haciendo tu y yo
al glorioso, profundo y misterioso Único Mar?

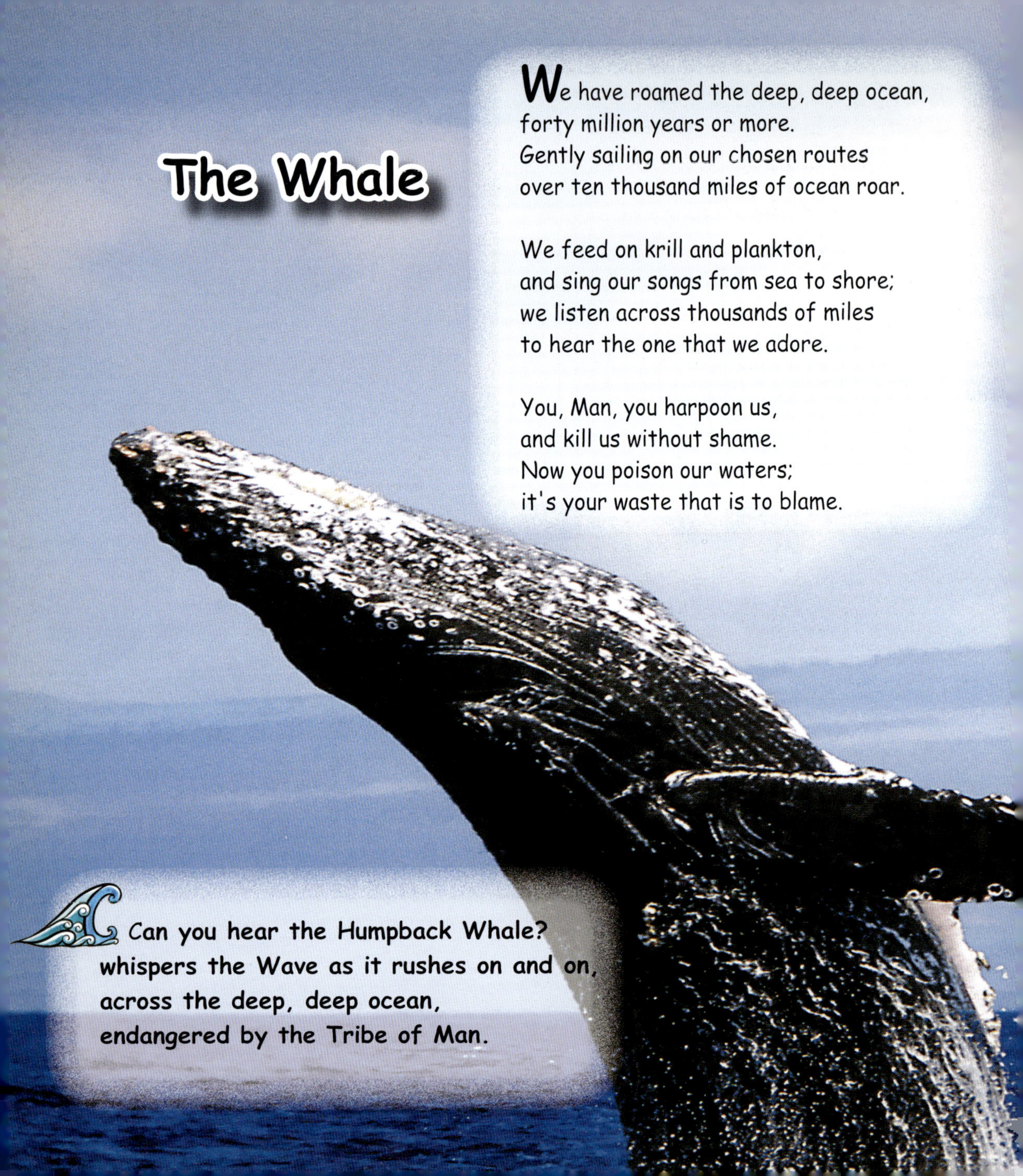

The Whale

We have roamed the deep, deep ocean,
forty million years or more.
Gently sailing on our chosen routes
over ten thousand miles of ocean roar.

We feed on krill and plankton,
and sing our songs from sea to shore;
we listen across thousands of miles
to hear the one that we adore.

You, Man, you harpoon us,
and kill us without shame.
Now you poison our waters;
it's your waste that is to blame.

Can you hear the Humpback Whale?
whispers the Wave as it rushes on and on,
across the deep, deep ocean,
endangered by the Tribe of Man.

La Ballena

Hemos vagado en lo profundo, en lo profundo del océano
cuarenta millones de años o más.
Navegando tranquilamente por nuestras propias rutas
de más de miles de millas de tempestuoso océano.

Nos alimentamos con krill y plancton,
y cantamos nuestras canciones desde el mar hasta la costa;
oímos a través de miles de millas
para escuchar al que adoramos.

Tu Hombre, tú nos arponeas
y matas sin condena.
Ahora envenenas nuestras aguas
es tu acción destructiva a ser reprobada.

¿Puedes escuchar a la ballena?
susurra La Ola a medida que avanza más y más
a través del profundo, profundo océano
en peligro por la raza humana.

The Polar Bear

The whitest white is the place we live,
where we wander on our way;
but now it's getting warmer
as more icebergs melt each day.

We travel farther and farther
when hunting for food and fish.
It's harder to feed our families,
so our numbers are getting less.

The ice floes break up sooner,
and our hunting season grows shorter.
So many of us go hungry,
and we have less time for son or daughter.

Can you hear the noble Polar Bear?
whispers the Wave as it rushes on and on,
across the deep, deep ocean.
Beware, they will soon be gone.

El Oso Polar

En el lugar blanco más blanco es donde vivimos,
donde merodeamos por nuestro camino
pero ahora se esta calentando
a medida que más hielos se derriten cada dia.

Viajamos lejos y muy lejos
para cazar alimento y peces.
Es difícil alimentar a nuestras familias
por eso nuestros integrantes son cada vez menos.

El hielo que flota pronto se rompe
y nuestra época de caza se acorta.
Por eso muchos de nosotros estamos con hambre
y menos tiempo para nuestros hijos e hijas tenemos.

¿Puedes escuchar al noble Oso Polar?
susurra La Ola a medida que avanza más y más
a través del profundo, profundo océano.
Esta atento, ellos pronto se irán.

The Albatross

Flying day and night across the sky
we ride the trade winds, soaring high;
and glide for days and days on end,
to hunt the slippery Squid.

Our enemy is the fish hooks
that trail behind your boats,
which we mistake for fish
and get caught in your floats.

In a lifetime of mighty travel,
we can fly over three million miles;
so why become our enemy,
and put us through these trials?

Can you hear the cry of the Albatross?
whispers the Wave as it rushes on and on,
across the deep, deep ocean,
betrayed by the Tribe of Man.

Los Albatros

Volando día y noche a través del cielo
cabalgamos sobre los vientos, remontándonos alto
y sobrevolamos por días y días
para pescar al astuto Calamar.

Nuestros enemigos son los anzuelos
que remolcan tus embarcaciones
que con peces confundimos
quedando en tus flotas atrapados.

En épocas de largos viajes,
podemos viajar alrededor de tres millones de millas,
entonces, ¿Por qué te vuelves nuestro enemigo,
y nos pones esas trampas?

¿Puedes escuchar el llanto de los Albatros?
susurra La Ola a medida que avanza más y más
a través del profundo, profundo océano
traicionada por la tribu del Hombre.

The Turtle

We roam the seven oceans,
and swim from sea to land;
we survive the harshest storms
to lay our eggs upon the sand.

Our newborn start their journey
and waddle to the sea,
they swim out in the ocean
to where they think they're free.

But then they meet the nets
that you drag across the waves,
and get tangled in great numbers
and sink to their watery graves.

Can you hear the loveable Turtle?
whispers the Wave as it rushes on and on,
across the deep, deep ocean.
Beware, they will soon be gone.

La Tortuga

Merodeamos por los siete océanos
y nadamos desde el mar hasta la tierra.
Sobrevivimos a las más duras tormentas
para poner a salvo en la arena a nuestros huevos.

Nuestros recién nacidos comienzan su viaje
se menean hacia el mar,
y nadan en el océano
hasta donde ellos creen que son libres.

Pero entonces, se encuentran con las redes
que tu extiendes a través de las olas,
quedando enredados en gran cantidad
y se hunden hasta sus tumbas en el mar.

¿Puedes escuchar a la amada tortuga?
susurra La Ola a medida que avanza más y más
a través del profundo, profundo océano.
Está atento, pronto desaparecerán.

The Crab and The Lobster

W e are the crustaceous Crab.
We patrol the ocean floors
with our ten legs, walking sideways;
but then you grab our claws.

You rip us from our crabitat.
You take a million tonnes each year.
Which is why we tell our young ones
that they must live in fear.

We are the obstinate Lobster,
we swim backward quite a lot;
but then you boil up water,
and chuck us in the pot.

Can you hear the tough Crustaceans?
whispers the Wave as it rushes on and on,
across the deep, deep ocean
with a message meant for Man.

El Cangrejo y La Langosta

Somos los Cangrejos crustáceos.
Patrullamos el fondo de los océanos
con nuestras diez piernas caminamos de costado
pero entonces tu te apoderas de nuestras pinzas.

Nos arrancas de nuestro hábitat
llevas un millón de toneladas de cangrejos cada año
por lo que decimos a nuestros pequeños
que con temor deben vivir.

Somos las obstinadas langostas,
nadamos a menudo hacia atrás
pero luego tu calientas agua
y nos arrojas a la olla.

¿Puedes escuchar a los tenaces Crustáceos?
susurra La Ola a medida que avanza más y más
a través del profundo, profundo océano
con un mensaje para el Hombre.

The Sea Urchin and The Starfish

A lurchin' Urchin wanders by
and stops to chat and say:
Pollution is our enemy,
it just will not go away.

And though we are really spiky,
you catch us when you can;
you even like to eat us,
especially in Japan.

Our cousins are the Starfish,
they sail round and round,
but your oil slicks defeat them
when they wash up on the ground.

Can you hear the Spiky Urchin?
whispers the Wave as it rushes on and on,
across the deep, deep ocean
to the cave where Man has gone.

El Erizo de Mar y La Estrella de Mar

Un escurridizo Erizo anda por ahí
hace un alto para hablar y decir
La contaminación es nuestra enemiga
pero no se irá fácilmente

Y a pesar de que somos muy encrespados
nos atrapas cuando puedes
te gusta comernos también
especialmente en Japón.

Las estrellas de mar son nuestras primas,
ellas nadan en círculos,
pero tus estelas de aceite las vencen
cuando se lavan en la tierra.

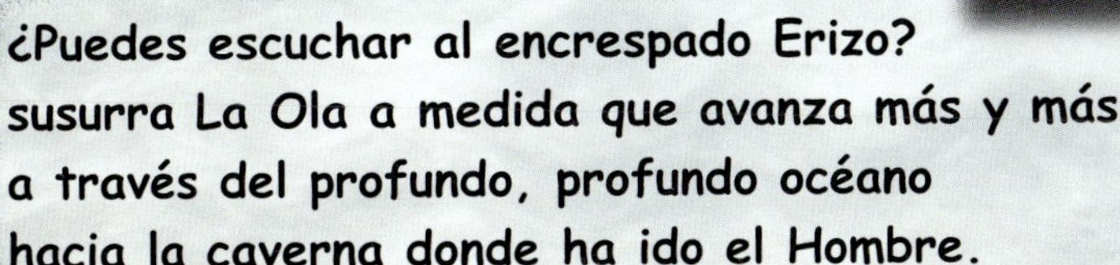

¿Puedes escuchar al encrespado Erizo?
susurra La Ola a medida que avanza más y más
a través del profundo, profundo océano
hacia la caverna donde ha ido el Hombre.

The Wave wonders . . .

Can you hear the creatures of the sea?
shouts the Wave as it rages on and on
across the deep, deep blue ocean
to the Cave where Man has gone.

Are you listening, Man? demands the Wave
as it rushes on its way.
Why do you mistreat the One Sea
each night and every day.

And now the Wave grows taller
as it rushes on and on
over the deep, deep ocean.
Beware! Where has the great Wave gone?

La Ola se pregunta . . .

¿Puedes escuchar a las criaturas del mar?
grita La Ola y se levanta más y más encolerizada,
a través del profundo, profundo océano azul,
hacia la caverna donde ha ido el Hombre.

¿Hombre, estas escuchando?, increpa La Ola
a medida que acomete en su camino.
¿Por qué maltratas al Único Mar
cada día y cada noche?

Y ahora La Ola crece en altura
a medida que avanza más y más
sobre el profundo, profundo océano.
¡Está atento! ¿Dónde ha ido la gran Ola?

Algae and Plankton

We are the extraordinary Algae.
Through sunlight and water and CO_2
we make our own food and oxygen,
and gather on top of the deep, deep blue.

We Plankton drift the currents
to spread out on the salty sea,
providing tons of food for fishes,
fellow creatures, you and me.

We are the food source of the ocean,
an important member of the band,
yet we're threatened by your boats,
and pollution from the land.

Can you hear the Plankton and Algae?
whispers the Wave as it rushes on and on,
across the deep, deep ocean
with a message meant for Man.

Las Algas Marinas y el Plancton

Somos las extraordinarias algas marinas.
A través de la luz del sol, el agua y el dióxido de carbono,
elaboramos nuestra propia comida y el oxígeno,
agrupándonos en la cima del profundo, profundo océano.

Nosotros, el Plancton, somos arrastrados por las corrientes
para dispersarnos sobre el salado mar,
proporcionando toneladas de comida para peces,
criaturas amigas, para mi y para ti.

Somos la fuente de comida del océano
un miembro importante de la cadena,
pero aun así somos amenazados por tus embarcaciones,
y por la contaminación de la tierra.

¿Puedes escuchar al Plancton y a las algas marinas?
susurra La Ola a medida que avanza más y más,
a través del profundo, profundo océano
con un mensaje para el Hombre.

The great Coral Reef

Why is the water warming?
asks the great, great Coral reef
that grows from skeletons forming,
with colour beyond belief.

So Coral makes a garden,
a garden in the sea,
where fish and plants and creatures
can grow and thrive and be.

But now your diving disturbs us,
and breaks our delicate branches;
and warmer water destroys us,
and your oil spills spoil our dances.

Can you hear the glorious Coral?
whispers the Wave as it rushes on and on,
across the deep, deep ocean.
Beware, it will soon be gone.

El gran Arrecife de Coral

¿Por qué se está calentando el agua?
pregunta el gran arrecife de Coral
que crece con color y formas
esqueléticas mas allá de las creencias.

El Coral arma un jardín,
un jardín en el mar,
donde criaturas, peces y plantas
pueden crecer, prosperar y ser.

Pero ahora tus buceos nos perturban,
y quiebran nuestras delicadas ramas,
el agua que se entibia nos destruye
y tus estelas de aceite estropean nuestras danzas.

¿Puedes escuchar al glorioso Coral?
susurra La Ola a medida que avanza más y más
a través del profundo, profundo océano.
Está atento, pronto se habrán ido.

The Squid and Octopus

We Squid can change our colour,
or spray you with our ink.
We can move around quite slowly
or fast as you can blink.

Some of us are small,
others grow to giant size;
over twenty metres tall,
to stare right in your eyes.

Our Octopus cousins have eight arms,
and jet their way along.
We both have true blue blood,
so don't you treat us wrong.

Can you hear the slippery Squid?
whispers the Wave as it rushes on and on,
across the deep, deep ocean,
with a message meant for Man.

El Calamar y El Pulpo

Nosotros los Calamares podemos cambiar de color
o rociarte con nuestra tinta.
Podemos movernos alrededor muy lentamente
o tan rápido como un abrir y cerrar de ojos.

Algunos somos pequeños
otros crecemos en gran tamaño
alrededor de veinte metros de alto,
justo a la altura de tu mirada.

Nuestros primos, los Pulpos, tienen ocho brazos,
y se desplazan como jets a lo largo de su camino.
Los dos poseemos verdadera sangre azul
por eso no nos trates mal.

¿Puedes escuchar al escurridizo Calamar?
susurra La Ola a medida que avanza más y más
a través del profundo, profundo océano
con un mensaje para el Hombre.

The Shark

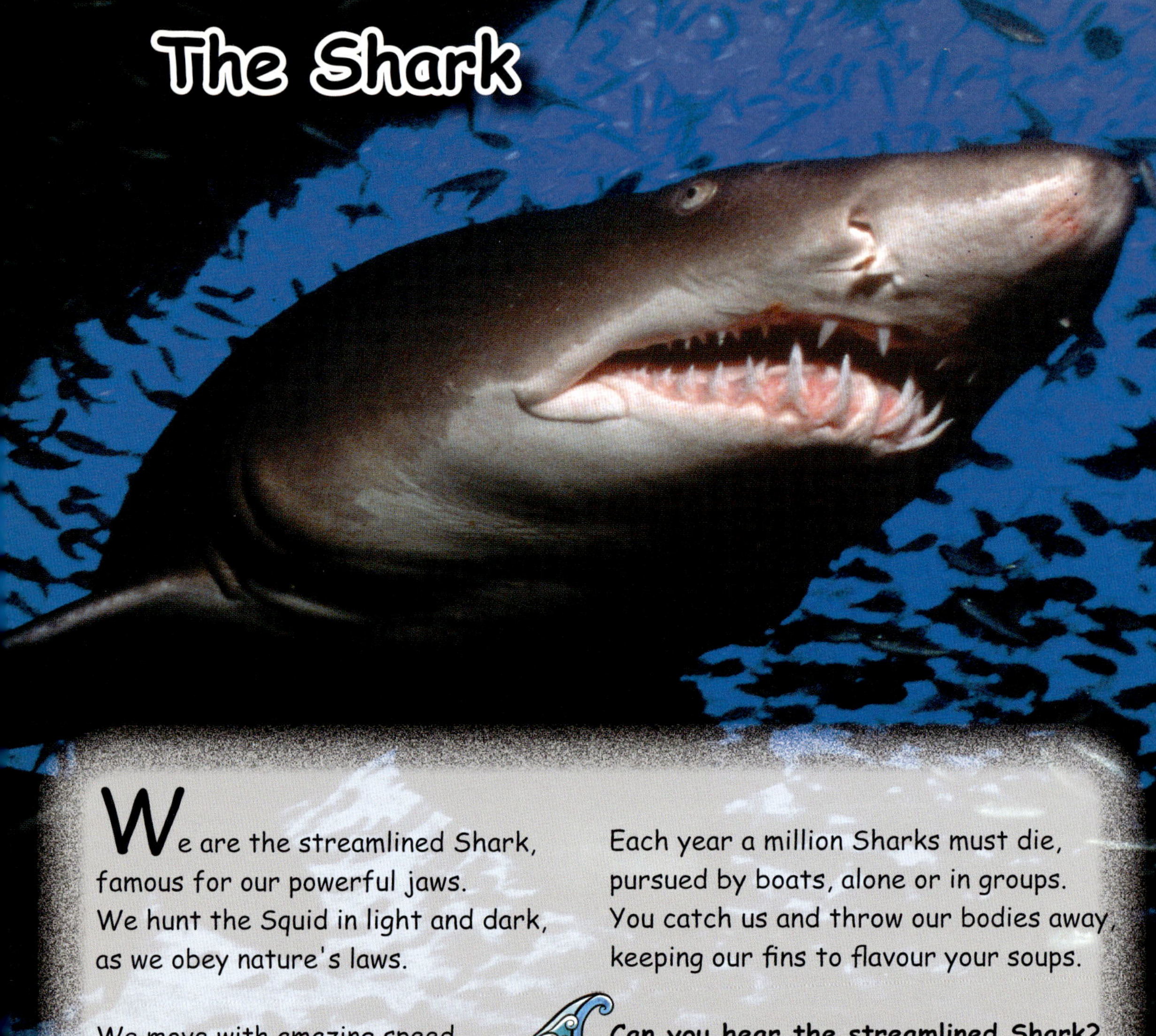

We are the streamlined Shark,
famous for our powerful jaws.
We hunt the Squid in light and dark,
as we obey nature's laws.

We move with amazing speed,
like jet-powered ocean machines.
We are attracted by scent and blood,
and often haunt your dreams.

Each year a million Sharks must die,
pursued by boats, alone or in groups.
You catch us and throw our bodies away,
keeping our fins to flavour your soups.

Can you hear the streamlined Shark?
whispers the Wave as it rushes on.
across the deep, deep ocean,
with a message meant for Man.

El Tiburón

Somos los Tiburones Torpedo,
famosos por nuestras poderosas mandíbulas.
Cazamos al Calamar en la luz y en la oscuridad,
obedeciendo a las leyes de la naturaleza.

Nos movemos con amenazante velocidad,
como poderosos motores del océano.
Nos atrae el olor y la sangre
y a menudo merodeamos en tus sueños.

Cada año un millón de Tiburones deben morir,
perseguidos por barcos solos o en grupos
Nos atrapas y nos arrojas nuestros cuerpos
conservando solo nuestras aletas para dar sabor a tus caldos.

¿Puedes escuchar al Tiburón Torpedo?
susurra La Ola a medida que avanza más y más
a través del profundo, profundo océano
con un mensaje para el Hombre.

The Dolphin

We swim, we hunt, we cruise,
in seas both calm and rough;
we leap out from the ocean,
then dive for all we're worth.

We love you, Dolphins hear Man say,
like friends from long ago;
but how can Dolphins truly know
when Man is friend or foe?

You say we are so clever,
you think we go to school;
but our future really is in doubt,
for it's Man who plays the fool.

Can you hear the trusting Dolphin?
whispers the Wave as it rushes on and on,
across the deep, deep ocean.
Beware, they will soon be gone.

El Delfín

Nadamos, cazamos y viajamos
en mares calmos y tempestuosos,
damos saltos fuera del agua
luego nos sumergimos orgullosos.

"Los amamos", oyen los Delfínes al Hombre decir,
"como amigos de hace mucho tiempo".
¿Pero como pueden los Delfínes verdaderamente saber
cuando el Hombre es amigo o enemigo?

Dices que somos muy inteligentes,
piensas que vamos a la escuela,
pero nuestro futuro está realmente en duda,
ya que el Hombre como tonto juega con él.

¿Puedes escuchar al leal Delfín?
susurra La Ola mientras avanza más y más
a través del profundo, profundo océano.
Ten cuidado, ellos pronto se irán.

The Penguin

Have you seen the Penguin shuffle?
Have you seen the Penguin flap?
Have you seen the Penguin underwater
like a torpedo glides from its trap?

Have you met the mighty Emperor,
the bravest Penguin of them all,
warming the hatchling for sixty-five days,
in the harshest conditions of all.

We live in the coldest Antarctic,
on our feet we raise our chicks;
till they hatch and slide to the ocean,
to take their first swimming kicks.

Can you hear the voice of the Penguin?
whispers the Wave as it rushes on and on,
down to the wall of the Magic Cave,
with a message meant for Man.

El Pingüino

¿Has visto al Pingüino chapotear?
¿Has visto al Pingüino aletear?
¿Has visto al Pingüino bajo el agua
moverse como un torpedo?

Has conocido al poderoso Emperador,
el más valiente de todos los Pingüinos,
incubando sus crías por sesenta y cinco días
en las más duras condiciones.

Vivimos en la fría Antártida,
bajo nuestro cuidado, criamos a nuestros pichones
hasta que ellos maduran, y así patinan hacia el océano
para lograr sus primeras patadas en el agua.

¿Puedes escuchar la voz del Pingüino?
susurra La Ola a medida que avanza más y más
hacia la pared de la Caverna Mágica,
con un mensaje para el Hombre.

The Abyss

Deep down in the twilight zone,
where Man hardly ever goes,
lives the heteropod transparent Snail, alone,
with his teeth on the end of his nose.

Stranger than strange, deep in the Abyss,
live creatures that glow in the dark;
and enormous Worms and Anglerfish,
who hunt as they give off a spark.

Here in the deepest darkest home,
we creatures are less troubled by Man.
That's good for us, so leave us alone
to live out our lives as we can.

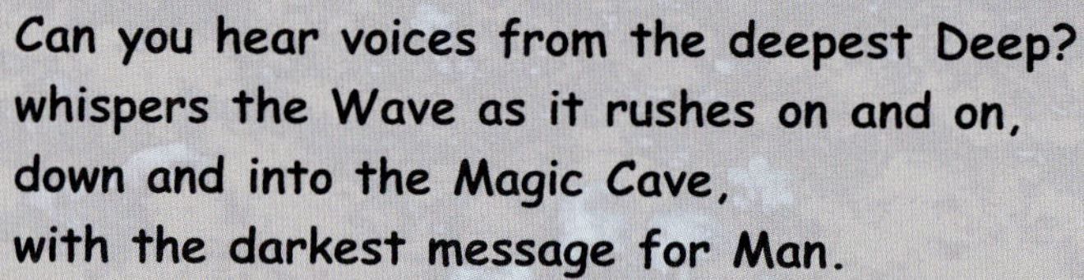

Can you hear voices from the deepest Deep?
whispers the Wave as it rushes on and on,
down and into the Magic Cave,
with the darkest message for Man.

Las Profundidades del Mar

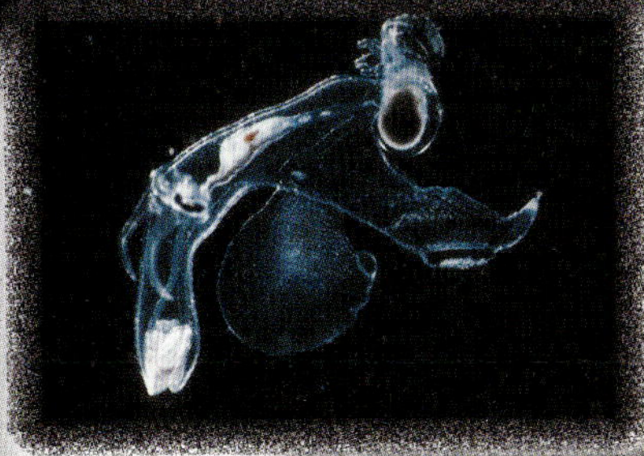

Abajo en lo profundo, en la oscura zona
donde el Hombre rara vez llega
vive solo el trasparente caracol Heteropodo
con sus dientes sobre la punta de su nariz.

Extraño más que extraño, en las profundidades del mar,
viven criaturas que brillan en la oscuridad,
enormes Gusanos y Pejesapos
que destellan mientras cazan.

Aquí en el más profundo y oscuro hogar
las criaturas somos menos amenazadas por el Hombre.
Eso es bueno para nosotras, por eso déjanos vivir solas
nuestra vida como podemos.

¿Puedes escuchar las voces de la profunda profundidad?
susurra La Ola a medida que avaza más y más
hacia el interior de la Caverna Mágica
con el mensaje mas sombrío para el Hombre.

At last the Wave begins to wonder,
has Man heard those messages
from creatures living under
the deep, blue One Sea?

"You are not listening, Man,
the Wave begins to shout.
You still pollute and plunder
as though you have the right
to steal from the ocean
each day and every night."

And now, beneath the setting sun
the Wave grows higher and higher as though
roused by a great and terrible anger,
stirred by the wind like a roaring fire.

The Wave repeats: "Beware, beware,
now is the time to show you care."

So listen again, for we all must hear
the One Sea's message for the human ear.

Al fin La Ola comienza a preguntarse,
¿Habrá escuchado el Hombre esos mensajes
de las criaturas que viven debajo del azul
y profundo Único Mar?

¡Hombre, no estas escuchando!,
La Ola comenzó a gritar.
Continuas contaminando y depredando
ya que piensas que tienes el derecho
de saquear al océano
cada día y cada noche.

Y ahora, bajo la puesta de sol
La Ola más y más alto a medida que
despierta en ella un sentimiento de enorme y terrible enojo,
agitada por el viento como un fuego estruendoroso.

La Ola repite: "Ten cuidado, ten cuidado,
ahora es el momento en que prestes atención".

Escucha nuevamente, todos debemos escuchar
el mensaje del Único Mar para el oído humano.

Masa Ushioda/imagequestmarine.com

NOAA Photo Library - Harley D. Nygren

Fritz Poelking/V&W/imagequestmarine.com

Scott Tuason/imagequestmarine.com

Michael Nolan/V&W/imagequestmarine

James D Watt/imagequestmarine.com

Michael Nolan/V&W/imagequestmarine.com

Masa Ushioda/imagequestmarine.com

Klaus Jost/imagequestmarine.com

Scott Tuason/imagequestmarine.com

Masa Ushioda/imagequestmarine.com

James D Watt/imagequestmarine.com

OAR/National Undersea Research Program

James D Watt/imagequestmarine.com

Roger Steene/imagequestmarine.com

James D Watt/imagequestmarine.com

Dr. James P. McVey, NOAA Program

Valdimar Butterworth/imagequestmarine

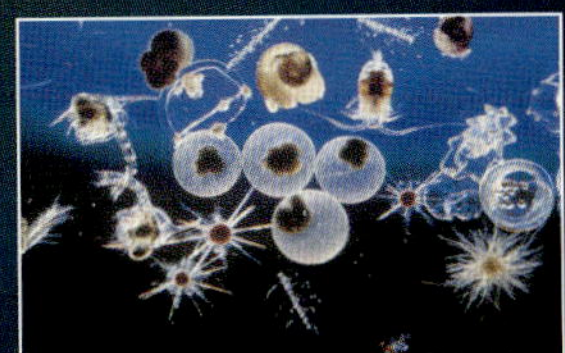

Peter Parks/imagequestmarine.com

James D Watt/imagequestmarine.com

Ove Hoegh-Guldberg Centre for Marine
Studies University of Queensland

James D Watt/iPeter Parks/ magequestmarine

NOAA Photo Library

James D Watt/imagequestmarine.com

Klaus Jost/imagequestmarine.com

Masa Ushioda/imagequestmarine.com

Kike Calvo/V&W/imagequestmarine.com

Fritz Poelking/V&W/imagequestmarine.com

SOC/imagequestmarine.com

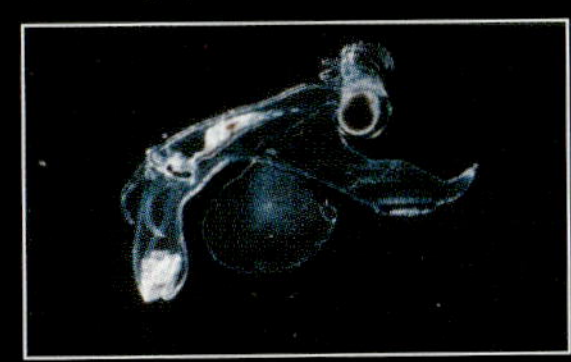

Peter Parks/imagequestmarine.com

Peter Batson/imagequestmarine.com

James D Watt/imagequestmarine.com

Scott Tuason/imagequestmarine.com

James D Watt/imagequestmarine.com

Florida Keys National Marine Sanctuary

CRÉDITOS DE FOTO